npliance

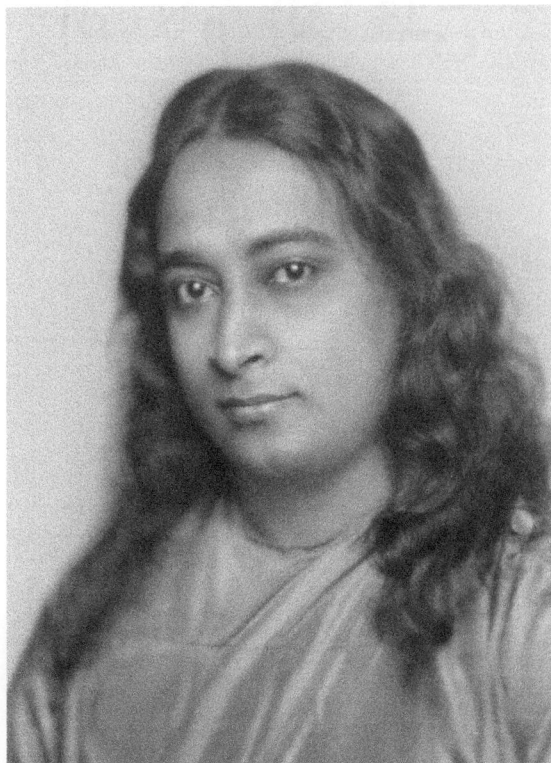

برمهنسا يوغانندا
(١٨٩٣-١٩٥٢)

السلام الداخلي

كيف تكون ناشطاً بهدوء
وهادئاً بنشاط

برمهنسا يوغانندا

Self-Realization Fellowship

FOUNDED 1920 BY PARAMAHANSA YOGANANDA

كلمة حول هذا الكتاب: السلام الداخلي: كيف تكون ناشطاً بهدوء وهادئاً بنشاط *Inner Peace: How to Be Calmly Active and Actively Calm* هو تجميع لمقتطفات من كتابات برمهنسا يوغانندا، ومحاضراته، وأحاديثه غير الرسمية. هذه المختارات ظهرت في الأصل في كتبه وفي مقالات له نُشرت في مجلة Self-Realization (المجلة التي أسسها سنة ١٩٢٥)، وفي ثلاثة كتب تضمنت مجموعة أحاديثه ومقالاته، وفي غيرها من منشورات Self-Realization Fellowship.

المحتويات

مقدمة

بقلم شري دايا ماتا
الرئيسة والقائدة الروحية (من عام ١٩٥٥ إلى ٢٠١٠) لـ
Self-Realization Fellowship/Yogoda Satsanga Society of India

السلام، والصفاء، والتوازن الداخلي، هي مجرد كلمات إلى أن نراها ظاهرة فعلاً في شخص نلتقي به أو نشعر بتجلياتها في أنفسنا. طوال العشرين عاماً التي أمضيتها مع برمهنسا يوغانندا، كنت محظوظة لأن أبصر يومياً هالة السلام المشعة منه والتي تعصى على الوصف. ولقد منحَتهُ تلك الهالة قدرة عجيبة على جعل كل الذين أتوا إليه يتصلون بينبوع السلام العميق الذي في نفوسهم.

لقد كان التقدم التكنولوجي في عصرنا مذهلاً، ولكن في كثير من الأحيان يبدو أنه يعمل على تحسين الظروف الخارجية فقط، على حساب التكلفة الباهظة المتمثلة في زيادة التوتر والتعقيد في حياتنا الشخصية. وكلما زادت الرغبة في تحقيق التوازن وأصبحت أولوية، يدرك الناس في جميع أنحاء العالم أن العلم «الجديد» الأكثر ضرورة قد يكون علم اليوغا التي تساعد أساليبها الخالدة على خلق الانسجام بين الجسم والعقل والروح وتوفّر نظاماً فعّالاً لتحقيق السلام

الداخلي*.

من حكمة برمهنسا يوغانندا، نتعلم «وضعيات» اليوغا الأكثر قيمة وفائدة، كما قال في كثير من الأحيان: الوقوف بثبات وسط «ارتطام العوالم المتصادمة» ونتعلم أن نصبح راسخين بشكل لا يتزعزع في الأمن الداخلي، في «السلام الذي يفوق كل فهم» — هذا هو الوعد الذي يمكن للروحانية الحقيقية أن تحققه، وهذا هو محور هذا الكتاب.

لقد علّم برمهنسا يوغانندا أن الهدوء والسكينة الداخلية لا يتطلبان انسحاباً جباناً من الأنشطة العملية الفعالة. وفي الحقيقية إن إنجازاته الخارجية الاستثنائية التي تمثلت في نجاحه الريادي في تدريس تعاليم التأمل الهندية في الغرب تطلبت شخصية إبداعية تتمتع بأكبر قدر من النشاط الديناميكي. فهو أساساً لم يواصل عمله في مكان منعزل، ولكن في خضم المدن الصاخبة مثل نيويورك وشيكاغو ولوس أنجلوس — في أكثر الأماكن ضجيجاً واضطراباً على هذا الكوكب! ومع ذلك، كان دائماً يعيش بسعادة ورضى في سكينة النفس الهادئة المطمئنة.

---

*   مع أن العديد من الناس يفكرون أن اليوغا هي في الأساس وضعيات جسدية وتمارين (هاثا يوغا)، إلا أن المصطلح يشير بشكل صحيح إلى نظام شامل من التأمل والعيش الروحي المتوازن، والذي هدفه النهائي هو اتحاد النفس البشرية بالروح اللانهائي.

إن إحدى القصص المفضلة لدى أتباع برمهنساجي هي البرهنة العفوية (التي لحسن الحظ لم تتكرر أبداً) لقوة هذا السلام. ففي مدينة نيويورك، هاجمه ثلاثة لصوص مسلحين في الشارع. وببساطة نظر إليهم وقال: «إن كنتم تريدون مالاً خذوه.» وناولهم محفظة نقوده. ولسبب غير مفهوم، لم يُبدِ المسلحون أي حركة. ففي حضوره أصيبوا بذهول تام بفعل الاهتزازات الروحية التي كانت تشع منه. وأخيراً قال أحدهم: «نستميحك عذراً. لا يمكننا أن نفعل ذلك.» ثم استداروا وولوا هاربين.

وفي أي وقت كان متواجداً في الأماكن العامة، كان المارة يقفون، ينظرون إليه بتمعن ويسألوننا نحن الذين كنا معه: «من هو؟ من هو هذا الرجل؟» كان هناك دائماً اهتزاز هادئ وملموس حوله يجذب الناس إليه.

لقد جمعنا في هذا الكتاب – باقة شاملة من كتب برمهنساجي ومقالاته ومحاضراته وأحاديثه لتلاميذه – وهي بمثابة عينة من الحكمة التي يمكنكم تطبيقها لتختبروا كحقيقة يومية الهدوء والطمأنينة اللذين يتحدث عنهما.

سيقدم لكم هذا الدليل مجموعة من المبادئ والنصائح العملية التي أعطاها [برمهنسا يوغانندا] لخلق انسجام داخلي مبارك: فن النشاط الخارجي الإبداعي دون فقدان راحة البال، وطرقاً للاسترخاء والتخلص من التوتر، وتحديد وتجاوز الحالات العاطفية المزعجة مثل الغضب، الخوف،

القلق، والحساسية المفرطة التي هي أعداءٌ لسكينة الروح. والأهم من ذلك، التناغم مع المصدر الإلهي للسلام في أعماق نفوسكم – في معبد الله في داخلكم.

السلام الروحي يعمل على رأب صدع الانسجام الشخصي والعائلي الممزق، ويرمم أيضاً نسيج مجتمعاتنا المتفكك. لهذا السلام القدرة، إذا تم اعتماده كأسلوب حياة، على جلب التوازن والشفاء إلى حياتكم. كما أن اهتزازات السلام الصادرة عنكم سوف تلامس بدورها كل من يعبر طريقكم وسوف تساهم مساهمة عميقة في خلق وتعزيز السلام الدائم في أسرتنا العالمية.

لوس أنجلوس
أغسطس/آب ١٩٩٩

السلام

برمهنسا يو غانندا

السلام يغمرني كالعطر الفواح.

السلام ينساب من خلالي كالأشعة.

السلام يطعن قلب الجلبة والضوضاء.

السلام يحرق أشواك الاضطراب والقلق.

السلام يتمدّد اتساعاً ـ ككتلة نارية ـ ويملأ وجودي الكلي.

السلام كالمحيط يندفع ويغمر كل الفضاء.

السلام كالدم القاني، يبعث الحيوية في أوردة أفكاري.

السلام كالشفق المترامي يطوِّق جسد لا نهائيتي.

لهب السلام يجري من مسامات جسمي ويغمر الفضاء بأسره.

عطر السلام ينتشر فوق حدائق الورود.

شراب السلام يتقطر على الدوام من معاصر كل القلوب.

السلام هو روح الأحجار والنجوم والحكماء.

السلام هو رحيق الروح المنسكب من دن السكون.

والذي أرشفه بثغور ذرّاتي التي لا حصر لها.

الفصل ١

«أين يمكنني العثور على السلام؟»

«أين يمكنني العثور على السلام؟»

السلام ينبع من النفس، وهو البيئة الداخلية المقدسة التي تتفتح فيها السعادة الحقيقية.

❖

من خلال التأمل يمكن للمرء أن يختبر حالة من السلام الداخلي الصامت والثابت، الذي يمكن أن يكون خلفية ملطّفة ومريحة بشكل دائم لجميع الأنشطة المتناغمة أو الصعبة التي تتطلبها التزامات ومسؤوليات الحياة. السعادة الدائمة تكمن في الحفاظ على هذه الحالة الذهنية الهادئة المستتبة.

❖

كل ما تقوم به يجب أن تفعله بسلام. هذا هو أفضل دواء لجسمك وعقلك وروحك. إنها الطريقة الأمثل للعيش والأكثر روعة.

هناك علاج للتوتر...

الهدوء هو الحالة المثالية التي يجب أن نتعامل فيها مع كل تجارب الحياة. العصبية هي عكس الهدوء، وانتشارها اليوم يجعلها قريبة جداً من كونها مرضاً عالمياً.

إن أفضل علاج للعصبية هو تنمية الهدوء. فالشخص الهادئ بطبيعته لا يفقد التعقل أو الإنصاف أو روح المرح تحت أي ظرف من الظروف...

الاتزان هو ميزة جميلة. يجب أن ننظم حياتنا وفق دليل على هيئة مثلث: الهدوء والعذوبة هما ساقا المثلث، وقاعدته هي السعادة... وسواء تصرف المرء بسرعة أو ببطء، أو كان بمفرده أو في الأماكن المزدحمة، يجب أن تكون ركيزته النفسية هادئة ومتوازنة. السيد المسيح هو نموذج لهذا المثل الأعلى. لقد أظهر السلام في كل مكان، واجتاز كل اختبار يمكن تصوره دون أن يفقد اتزانه.

عش في الوعي الإلهي لروحك...

إننا أرواح أبدية، لا تخضع للتغيير والتبديل، مخلوقون على صورة الله ذات النعيم الدائم المقيم. يجب أن تُظهر حياتنا باستمرار هذا الفرح المتجدد دائماً. إنني لا أسمح أبداً لأي شخص بأن يسلبني سعادتي الداخلية. ويجب عليك أيضاً أن تتعلم طريقة العيش الروحي الجريء بحيث يمكنك أن تتغلب بابتساماتك على المشاكل التي قد تأتي إليك وتبددها تبديدا.

الحالة الحقيقية للنفس أو الروح، هي الغبطة والحكمة والحب والسلام. وهي أن تكون سعيداً للغاية بحيث تستمتع بكل ما تقوم به. أليس هذا أفضل بكثير من التخبط في العالم كعفريت لا يعرف الهدوء وغير قادر على العثور على الرضا في أي شيء؟

الهدوء هو نسمة الخلود...

الذين يتعمقون في التأمل يشعرون بهدوء نفسي رائع.

━━◆◆━━

الهدوء هو أحد سمات الخلود في داخلك.... عندما تقلق، يحدث تشويش عبر راديو أو لاسلكي عقلك. أنشودة الله هي أنشودة الهدوء. العصبية هي التشويش، والهدوء هو صوت الله الذي يتحدث إليك عبر راديو روحك. العصبية هي وصيفة التغيير والموت. عندما تكون هادئاً، حتى الموت لا يمكن أن يخيفك، لأنك تعلم أنك إله.

الهدوء هو نسمة الخلود التي وضعها الله في داخلك.

━━◆◆━━

كلما شعرتَ بالسلام في التأمل، كلما اقتربتَ أكثر من الله. إنه يقترب منك أكثر فأكثر كلما تعمقت في التأمل. سلام التأمل هو لغة السكينة والطمأنينة الإلهية.

━━◆◆━━

تعلم كيف تعيش في تلك السعادة الأبدية والسلام الذي هو الله.

انظر إلى حياتك بصدق ونزاهة...

عند النظر إلى المشهد الشامل لهذا العالم، وإلى حشود البشرية المندفعة بسرعة كبيرة طيلة حياتهم، لا يسع المرء إلا أن يتساءل عن السبب من كل ذلك. إلى أين نحن ذاهبون؟ ما هي الدوافع المحركة؟ وما هي أفضل وأضمن طريقة للوصول إلى وجهتنا؟

معظمنا يندفع بلا هدف معيّن ودون خطة محددة، كالسيارة المنطلقة دون سائق. عندما نندفع بتهور على دروب الحياة نفشل في تحقيق الغرض من سفرنا. إننا نادراً ما نلاحظ ما إذا كنا نسير في طرق منحرفة وملتوية لا تؤدي إلى أي مكان، أو في طرق مستقيمة تؤدي مباشرة إلى غايتنا. كيف يمكننا أن نجد هدفنا إذا لم نفكر فيه أبداً؟

❖

هل سمحت لحياتك بأن تشوهها وتحاصرها قوى تبدو أقوى من قواك؟ هل حياتك تحت سيطرتك؟ تحاشَ السقوط في حفرة التسكع والخمول. انهض إلى ما فوق الحشود المتزاحمة. اخرج من الرتابة الخانقة للوجود العادي وانطلق إلى حياة أرقى وأزهى، تنبض بالإنجاز والسلام المتجدد دائماً.

اسأل نفسك عن الغرض من حياتك. لقد خُلقت على صورة الله، وتلك هي نفسك الحقيقية. إن إدراك صورة الله في داخلك هو ذروة النجاح – فرح غير محدود، تحقيق لكل رغبة، التغلب على كل صعوبات الجسد وهجمات العالم.

الفوز في معركة الحياة اليومية...

لا تستطيع كتلة من الرمل أن تصمد أمام الانجراف الذي تسببه أمواج المحيط. وبالمثل، لا يمكن للفرد الذي يفتقر إلى السلام الداخلي أن يظل محتفظاً بهدوئه في خضم الصراع العقلي. ولكن مثلما تبقى الماسة دون تغيير بغض النظر عن عدد الموجات التي تلطمها، هكذا يظل الفرد الراسخ في السلام هادئاً على نحو رائع حتى عندما تحيط به التجارب والبلايا من كل جانب. من مياه الحياة المتقلبة، دعونا بالتأمل ننتشل ماسة الوعي الروحي غير القابلة للتغيير، والتي تومض وتتلألأ بفرح الروح الأبدي...

❖

مثلما تمس الحاجة إلى تدريبات خاصة للمشاركة في فنون الحرب، كذلك الحال بالنسبة لمشاركتنا في معركة الحياة الفعلية. المحاربون غير المدربين سرعان ما يُقتلون في ساحة المعركة؛ وهذا ينطبق أيضاً على الأشخاص غير المدربين على فن الاحتفاظ بسلامهم الداخلي، إذ سرعان ما يخترقهم رصاص القلق والأرق في معترك الحياة.

❖

إن انتصارك الأعظم يكمن في الحفاظ على سلامك.

وبغض النظر عن وضعك في الحياة، لا تشعر أبداً بأن هناك ما يبرر فقدانك لسلامك. لأنك عندما تفقد سلامك لا تستطيع التفكير بوضوح وتكون قد خسرت المعركة. أما إذا لم تفقد سلامك أبداً، فستجد أنك منتصر على الدوام، مهما كانت تبعات مشاكلك. تلك هي الطريقة للتغلب على الحياة.

«أين يمكنني العثور على السلام؟»

اجعل الحياة تجربة ممتعة للروح...

مارس الاتزان والهدوء طوال الوقت. كُن ملِكاً مطلقاً متوجاً على مملكة هدوئك النفسي... لا تدع شيئاً يزعج مملكة سكينتك وطمأنينتك. احتفظ ليل نهار في داخلك بفرح «سلام الله الذي يفوق كل عقل.»

عندما يتم الاحتفاظ بهذا الاتزان بالتأمل العميق المنتظم فإنه يطرد الملل وخيبة الأمل والحزن من الحياة اليومية، وبدلاً من ذلك يجعل الاتزان تجربة روحية مشوقة وممتعة للغاية.

بيئتك الداخلية وبيئتك الخارجية...

هناك نوعان من البيئة: داخلية وخارجية. تتكون البيئة الخارجية من البيئة المادية المحيطة بالفرد (صاخبة، هادئة، وما إلى ذلك). أما البيئة الداخلية فهي حالة المرء النفسية.

بيئة الإنسان الداخلية هي ذات الأهمية القصوى.

حرر وعيك من بيئة الجهل الروحي.

إن العيش دون راحة بال في هذا العالم يشبه العيش في نوع من أنواع الجحيم. أما صاحب المدركات الإلهية فيعيش في بهجة ونعيم على هذه الأرض.

مِمَّ تخاف؟ أنت كائن خالد. أنت لست رجلاً ولا امرأة، كما قد تظن، بل أنت روح خالدة وسعيدة للأبد.

٢٤

«أين يمكنني العثور على السلام؟»

من يتناغم مع الروح يملك كل صفاتها، بما في ذلك السلام، والنعيم الإلهي، والحكمة المعصومة.

بغض النظر عن البيئة غير التوافقية المحيطة بك، إذا تأملت، أو إذا جلست بصمت لبضع دقائق على الأقل كل يوم، وعشت في وئام مع نفسك الداخلية، فسوف تعيش دائماً في الجنة وستحمل معك فردوسك النقّال في كل مكان.

لا تنتظر حتى الغد...

العالم يعبد الرجال الأقوياء مثل الإسكندر الأكبر ونابليون، لكن فكر في حالتهم النفسية! ثم فكر في سلام السيد المسيح الذي لم يستطع أحد أن يسلبه منه. نظن أننا سنسعى إلى الحصول على ذلك السلام «غداً». كل من يفكر بهذه الطريقة لن يحصل عليه أبداً. اسعَ للحصول عليه الآن.

معظم الناس كالفراشات، يرفرفون بلا هدف. لا يبدو أنهم يَصِلون إلى أي مكان أو يتوقفون لأكثر من لحظة قبل أن ينجذبوا إلى تلهيات جديدة. النحلة تعمل وتستعد للأوقات الصعبة. لكن الفراشة تعيش ليومها فقط. وعندما يأتي الشتاء، تموت الفراشة، في حين تختزن النحلة الطعام لتعيش عليه. يجب أن نتعلم كيف نجمع وندّخر عسل سلام الله وقوّته.

ركز انتباهك في داخلك. سوف تشعر بقوة جديدة، وهمة جديدة، وسلام جديد – في الجسم والعقل والروح.

لديك الامتياز والخيار لبناء جنتك هنا؛ ولديك كل الوسائل للقيام بذلك.

‹‹—•—››

من خلال تأمل اليوغا العلمي، أسس قصرك – قصر السلام على صخرة الدهور، على سلام الله الداخلي الذي لا يمسه الفناء.

‹‹—•—››

اكتشف مملكة السعادة السماوية الأبدية في داخلك، وستجد نعيم الفردوس في الأجواء الهادئة، أو في ضجيج المدن وأنشطتها، أو في أي مكان قد تتواجد فيه.

‹‹—•—››

عندما تشعر بالسلام في كل حركة من حركات جسمك، وبالسلام في تفكيرك وقوة إرادتك، وبالسلام في حبك، وبالسلام وبالله في طموحاتك، تذكر عندها أنك قد ربطت حياتك بالله.

‹‹—•—››

الفصل ٢

التأمل:
علم «الهدوء النشط»

لا يمكنك شراء السلام. يجب أن تعرف كيف تصنعه في داخلك، في ممارساتك اليومية الهادئة للتأمل.

⁃

كل شيء في العالم الظاهري يُبدي نشاطاً وتغيراً، لكن الهدوء هو طبيعة الله. الإنسان كروح يحمل في داخله نفس طبيعة الهدوء. وعندما يستطيع في وعيه تسكين حالات الاضطرابات الذهنية الثلاث ــ أمواج الحزن والفرح وتمهيد ما بينها من نتوءات وأخاديد اللامبالاة ــ فإنه يدرك في داخله محيط الهدوء النفسي المتصل ببحر سكينة الروح الإلهي الذي لا حدود له...

التأمل هو هدوء نشط...

التأمُّل هو «هدوء نشط». الهدوء السلبي، كما في النوم أو أحلام اليقظة العقيمة، يختلف اختلافاً جوهرياً عن الهدوء النشط – الذي هو حالة إيجابية من السلام الذي يتم اختباره بواسطة التأمل العلمي.

❖❖❖

كل ليلة أثناء نومك تتذوق السلام والفرح. وعندما تستغرق في سبات عميق يجعلك الله تعيش في الوعي السامي الهادئ، حيث تنسى كل مخاوف وهموم هذا الوجود. من خلال التأمل، يمكنك اختبار تلك الحالة النفسية المقدسة أثناء اليقظة والاستغراق الدائم في السلام الشافي.

❖❖❖

على الرغم من أنك قد تكون قادراً على القيام بمآثر دنيوية عظيمة، إلا أنك لن تعرف أبداً فرحاً يساوي الفرح الذي يأتي من خلال التأمل، عندما تكون الأفكار صامتة ويكون عقلك متناغماً مع سلام الله...

التأمل يفتح كل الأبواب الداخلية المغلقة لجسدك وعقلك وروحك ويسمح بتدفق فيض القوة الإلهية.

عندما تمارس التأمل بانتظام يحصل تغيير [إيجابي] تام

لجسمك وكيانك. التواصل مع الله يجلب الانسجام الداخلي إلى حياتك عندما يغمرك سلامه. ولكن يجب عليك أن تتأمل بكيفية جادة وثابتة ومستمرة حتى تدرك بشكل كامل التأثيرات المُجزية لتلك القوة العليا.

الشخص العادي هو قلق كل الوقت. عندما يبدأ بممارسة التأمل، يصبح هادئاً من حين لآخر، ويكون قلقاً في معظم الأوقات. وعندما يتأمل بشكل أعمق، يصبح نصف الوقت هادئاً، ونصف الوقت قلقاً. ومع الممارسة المخلصة لفترة أطول، يصبح هادئاً في معظم الأوقات، ولا يقلق إلا من حين لآخر. ومع مثابرته، يصل إلى الحالة التي يكون فيها هادئاً على الدوام، ولا يقلق أبداً. حيث تتوقف الحركة، يظهر الله*.

---

* "كفوا [عن الحركة] واعلموا أني أنا الله." (مزامير ٤٦:١٠)

٣٢

سيكولوجية الهدوء...

إذا وضعت وعاءً من الماء تحت أشعة القمر ثم قمت
بتحريك الماء، فإنك تُحدث انعكاساً مشوهاً للقمر. وعندما
تهدأ حركة الماء في الوعاء يصبح الانعكاس واضحاً.
الوقت الذي يكون فيه الماء في الوعاء هادئاً ويظهر فيه
انعكاس القمر بوضوح، يمكن مقارنته بحالة السلام التأملي
وحالة السكينة العميقة. في سلام التأمل تختفي كل موجات
الأحاسيس والأفكار من العقل. وفي حالة الهدوء الأعمق
والسكون يدرك المتأمّل انعكاس قمر الحضور الإلهي.

وكلما تعمّق السلام التأملي يتحول إلى هدوء وفي النهاية
إلى حالة إيجابية من الغبطة، ويختبر المتأمل فرحاً متجدداً
على الدوام ومتعة روحية تملأ النفس بالقناعة والرضا.

━━━◆━━━

الفرح الحقيقي الذي لا ينتهي يكمن في مناغمة الوعي
مع طبيعته الروحية الحقيقية والهادئة دائماً عن طريق
التأمل، وبالتالي منع العقل من ركوب أمواج الحزن والسعادة
أو الغرق في أعماق اللامبالاة.

━━━◆━━━

غص مراراً وتكراراً في بحر السكون الداخلي عن

طريق ممارسة أساليب التركيز والتأمل التي قدمتها لك،
وستشعر بسعادة وسلام كبيرين.

* * *

البرهان الأول على الحضور الإلهي هو شعور لا
يوصف من السلام. هذا الشعور يتحول إلى فرح يفوق
التصور البشري. وعندما تلامس المصدر الأسمى للحقيقة
والحياة ستتجاوب معك الطبيعة بأسرها. وإذ تعثر على
الله في الداخل ستجده في الخارج، في كل الناس وفي كل
الظروف.

* * *

التأمل هو العلم الأكثر أهمية من الناحية العملية...

التأمل هو علم معرفة الله، وهو أكثر العلوم أهمية في العالم* من حيث الناحية التطبيقية. معظم الناس سيرغبون في التأمل لو عرفوا قيمة التأمل واختبروا تأثيراته النافعة. الغاية القصوى من التأمل هي الإحساس الواعي بالله وإدراك الإتحاد الأبدي للنفس به. وهل هناك من إنجاز أروع وأنفع من توظيف القدرات البشرية المحدودة لإدراك حضور الله الشامل وقدرته الكلية؟ إن معرفة الله تمنح المتأمِّل البركات الإلهية من سلام ومحبة وفرح وقوة وحكمة.

في التأمل يتم استخدام تركيز العقل في أسمى صوره. التركيز هو تحرير الانتباه من كل المشتتات وحصره في فكرة ذات أهمية بالنسبة للشخص. أما التأمُّل فهو ذلك الشكل الخاص من التركيز بحيث يكون الفكر قد تحرر من القلق والتشويش وتركّز على الله. التأمل إذاً هو التركيز المستخدم لمعرفة الله.

* في بداية الصفحة ٣٦ صيغة تمهيدية للتأمل بحسب تعاليم برمهنسا يوغانندا. إن المجموعة الشاملة للأساليب التي أعطاها حول علم اليوغا للتركيز والتأمل موجودة – خطوة بخطوة – في دورس Self-Realization Fellowship. راجع الصفحة ١٠٦

للشروع في التأمل...

أجلس على كرسي بدون مساند، أو تربع على سطح صلب، مع الاحتفاظ بالعمود الفقري معتدلاً والذقن موازية للأرض.

إن كنت قد اتخذت وضعية الجلوس الصحيحة سيكون الجسم ثابتاً وفي حالة استرخاء، بحيث يمكن الجلوس بهدوء تام دون تحريك أي عضلة. مثل هذا الهدوء، الخالي من تعديلات وحركات جسدية متواصلة، هو ضروري لبلوغ حالة تأملية عميقة.

بعينين نصف مغمضتين (أو مغمضتين تماماً إن كان ذلك يريحك أكثر)، انظر إلى أعلى، مع تركيز نظرتك وانتباهك كما لو كنت تنظر من خلال نقطة بين الحاجبين. (الشخص الذي يكون في حالة تفكير عميقة غالباً ما «يقطّب» حاجبيه في هذه النقطة.) لا تَحْول عينيك أو تجهدهما. النظرة إلى أعلى تأتي بصورة طبيعية عندما يكون الشخص مسترخياً ومركّزاً بهدوء. الناحية المهمة هي تركيز كل الانتباه على النقطة التي بين الحاجبين. هذه النقطة هي مركز وعي

المسيح، موضع العين الواحدة التي تكلم عنها السيد المسيح: «سراج الجسد هو العين فمتى كانت عينك واحدة if therefore thine eye be single فجسدك كله يكون نيرا» (متى ٦: ٢٢). عندما يتحقق الغرض من التأمل، يجد المريد أن وعيه تركّز تلقائياً على العين الروحية ويختبر، وفقاً لقدرته الروحية الداخلية على الاستيعاب، حالة سعيدة من الاتحاد المقدس مع الروح الإلهي.

تمرين تنفسي للتحضير للتأمل...

عندما تتقن وضعية التأمل المشروحة أعلاه، فالتحضير التالي للتأمل هو التخلص من ثاني أكسيد الكربون المتراكم في الرئتين والذي يسبب التململ والقلق. اطرد النَفَس عن طريق الفم بزفير مزدوج: «هه، ههه.» (هذا الصوت يحدث بالتنفس فقط، وليس باستخدام الحبال الصوتية.) ثم تنفس شهيقاً بعمق عن طريق فتحتيّ الأنف (المنخرين) وقم بشدّ الجسم والعد من واحد إلى ستة. اطرد النفس عن طريق الفم بزفير مزدوج، «هه، ههه.» وقم بإرخاء الشد. كرر ثلاث مرات.

ركّز على سلام وفرح النفس...

ابقَ هادئاً.. قل وداعاً لعالم الحواس – البصر، السمع، الشم، الذوق، واللمس – واتجه نحو الداخل، حيث تعرب نفسنا عن ذاتها...

اصرف عنك كل إحساسات الجسد ومعها كل الأفكار المقلقة. وركّز على فكرة السلام والفرح.

تأمُّل على السلام...

توجّه إلى الله بنداءٍ عقلي حار وإخلاص نابع من أعماق قلبك. ناجهِ مناجاة واعية والتمس حضوره في معبد السكون. وفي التأمل العميق، اعثر عليه في معبد الغبطة والابتهاج... ومن خلال أفكارك ومشاعرك، ابعث إليه بحبك من كل قلبك، وعقلك، ونفسك، وقوتك. وبحدسك الروحي اشعر بالحضور الإلهي متجلياً كفرح غامر وسلام عظيم عبر غيوم جزعك وضباب حيرتك. السلام والفرح هما من أصوات الله التي هجعت طويلاً تحت طبقة غفلتك، منسية وسط ضجيج الأهواء والانفعالات البشرية، دون أن تحظى بالانتباه والاهتمام.

إن ملكوت الله موجود خلف ظلمة العيون المغمضة، وسلامك هو أول باب يفتح على ذلك الملكوت. أطلق أنفاسك واسترخِ. واشعر بهذا السلام ينتشر في كل مكان، في داخلك ومن حولك. اغمر نفسك فيِ ذلك السلام.

تنفس شهيقاً ثم أطلق النفَس. الآن انسَ تنفسك وكرر هذه الكلمات:

«يا أبتاه، لقد صمتت أصوات الأرض والسماء.

«إنني في معبد السكينة والهدوء.

«مملكة سلامك الأبدي تنتشر طبقة فوق طبقة أمام ناظري. أسألك أن تظل مملكتك اللامتناهية، التي طال احتجابها خلف الظلام، متجلية دوماً في داخلي.

«ليملأ السلام جسمي. وليملأ السلام قلبي ويسكن بين ثنايا حبي. ليظهر السلام في داخلي ومن حولي وفي كل مكان.

«الله هو السلام. وأنا ابنه. أنا السلام. الله وأنا واحد.

«السلام اللانهائي يحيط بحياتي ويغمر كل لحظات وجودي. السلام لنفسي. السلام لأسرتي. السلام لبلدي. السلام لعالمي. السلام لكوني. المشاعر الودية والنيّات الحسنة لكل البلدان، ولكل المخلوقات، لأن الكل إخوتي والله هو والدنا المشترك. إنا نعيش في ولايات العالم المتحدة والله قائدنا وهادينا والحق مرشدنا ودليلنا.

«أبانا السماوي، ليحلّ ملكوت سلامك على الأرض كما في السماء، علّنا نتحرر من التنافرات المسببة للخلاف ونصبح مواطنين مثاليين – جسماً وعقلاً وروحاً – في عالمك.»

تأمل إلى أن تشعر بالاستجابة الإلهية...

يجب أن تستمر في التركيز على مركز وعي المسيح بين الحاجبين، والابتهال بعمق لله وقديسيه العظماء، وبلغة قلبك التمس حضورهم وبركاتهم. من الممارسات الجيدة هي استخدام توكيد أو ابتهال... وروحنته [إشباعه بالاهتزازات الروحية] بأشواقك التعبدية. انشد لله وصلِّ له بصمت مع الاحتفاظ بوعيك بين الحاجبين إلى أن تشعر باستجابة الله كإحساس هادئ من السلام العميق والفرح الداخلي.

الفصل ٣

الطريقة الروحية للاسترخاء:
إزالة الإجهاد من الجسم والعقل

العاملون في مجال التربية البدنية، والمتحمسون لتحسين الصحة، والمعلمون الروحيون كلهم يتحدثون عن موضوع الاسترخاء. ومع ذلك، هناك عدد قليل من الأشخاص الذين يعرفون ماذا يعني الاسترخاء الحقيقي التام للجسد والعقل، أو كيفية تحقيق ذلك الاسترخاء.

ومثلما يستهلك محرك السيارة الشغال وقوداً بينما تكون السيارة متوقفة، هكذا يظل العديد من الأشخاص متوترين (بدرجة منخفضة، متوسطة، أو عالية)، يحرقون طاقتهم، وفقاً لدرجة اضطرابهم النفسي وتوترهم العصبي، حتى أثناء نومهم، أو جلوسهم، أو استلقائهم، مع أن أجسادهم تبدو في وضعية مريحة.

أحياناً عندما تكون جالساً أو مستلقياً وتشعر بأنك في حالة استرخاء تام، اطرد النَفَس وقم بهذا الاختبار: اطلب من أحدهم كي يرفع يديك أو قدميك قليلاً ثم يتركهما يسقطان. إن أحدثتْ أطرافك صوت ارتطام تلقائي عند السقوط، دون أي مجهود من جانبك لتنزيلها تدريجياً، تكون فعلاً مسترخياً.

كلما شعرت بالتعب أو القلق، قم بشدّ كل الجسد ثم استرخِ واطرد النَفَس وستشعر بالهدوء. عندما تستخدم الشد الخفيف أو الجزئي للتحرر من التوتر، لا يتم التخلص من كل التوتر أو الإجهاد. ولكن عندما تستخدم درجة عالية من الشد بحيث يهتز جسمك بالطاقة والحيوية، ثم ترخي الشد بسرعة، تحصل على استرخاء تام.

حرر العضلات من التوتر...

[طريقة* لإراحة الجسد]:

شدّ الجسم بالإرادة: دع إرادتك تقوم بتوجيه طاقة الحياة (عن طريق عملية الشد) كي تغمر الجسم أو أي جزء منه بالنشاط. اشعر بالطاقة تهتز في تلك المواضع فتشحنها وتبث فيها الحيوية المنعشة. استرخِ واشعر: أوقف الشد واختبر الحياة والحيوية الجديدة، كشعور من التنميل أو الخدر، في المنطقة التي تم شحنها بالطاقة. اشعر أنك لست الجسد. أنت تلك الحياة التي تعيل وتسند الجسد. اشعر بالسلام والحرية والدراية المتزايدة التي تأتي مع الهدوء الناجم عن ممارسة هذا التمرين.

استنشق واحفظ النَفَس [في صدرك].

* إشارة مبسطة إلى تمرين خاص تم تطويره بواسطة برمهنسا يوغانندا عام ١٩١٦ لشحن الجسم بالحيوية ولتعزيز الاسترخاء التام، والذي يتم تلقينه في دروس Self-Realization Fellowship. المبدأ العام للشد والاسترخاء تم اعتماده شعبياً في السنوات الأخيرة واستخدامه في علم الطب كوسيلة مساعدة في علاج العديد من الأمراض، بما في ذلك الحد من العصبية وارتفاع ضغط الدم.

شد كل الجسم وكل الأعصاب برفق وعلى نحو تدريجي.
احتفظ بالشد وقم بالعد من ١ إلى ٢٠، مع تركيز الانتباه
بعمق على كل الجسم.
اطرد النَفَس عن طريق الزفير وقم بإرخاء الشد.
كرر ٣ مرات في أي وقت تشعر فيه بالضعف أو
العصبية.
الجسم الهادئ المرتاح يساعد على جلب السلام النفسي.

❈

الحالات النفسية المزعجة يمكن تخفيفها إلى حد كبير
بالتخلص من مظاهرها السيكولوجية الخارجية. غالباً ما
يجعلك الخوف تشد قبضتي يديك بقوة وإمالة رأسك قليلاً
للأمام. ومن المؤكد أنه يسبب الخفقان لقلبك. إذا راقبت مثل
ردّات الفعل السيكولوجية هذه وقمت بإراحة يديك، وتقويم
جسمك، والتنفس ببطء وبعمق، ثم طرد النَفَس وإبقائه خارجاً
لفترة مريحة، والتركيز على الهدوء الداخلي الناجم عن عدم
التنفس، ستشعر بقدر من الراحة والتحرر من الخوف.

معرفة طريقة الاسترخاء الذهني

بعض الأشخاص تعلّموا طريقة الاسترخاء الجسدي ولكن ليس النفسي.

الاسترخاء النفسي يتكون من القدرة على تحرير الانتباه بالإرادة من المخاوف المقلقة بسبب المتاعب الماضية والحاضرة، ومن الشعور الدائم بالالتزامات، والخوف من الحوادث ومخاوف أخرى مؤرّقة، ونتيجة للجشع والشهوات وغير ذلك من الأفكار السلبية المزعجة والارتباطات المثيرة للقلق. إتقان الاسترخاء النفسي يأتي بالممارسة المخلصة والأمينة. يمكن تحقيق هذا الاسترخاء عندما يتمكن المرء من تحرير العقل بالإرادة من كل الأفكار المشوشة وتركيز الانتباه بشكل كامل على السلام والرضا الداخليين.

عندما تصارع المياه في بحيرة تسبب لنفسك الضيق والاجهاد. ولكن عندما توقف الصراع وتسترخي فإنك تعوم وتشعر بأن البحيرة كلها تحتضن جسمك براحة وهدوء. والله يعمل بنفس الطريقة. عندما تكون هادئاً تشعر بأن عالم السعادة بأسره يتماوج برفق ولطف تحت وعيك. وتلك

السعادة هي الله.

عندما تستطيع الاحتفاظ بهدوئك بالرغم من التجارب القاسية، وعندما تشعر بأنك مطمئن في إيمانك الأبدي بالله، تكون مسترخياً نفسياً.

وحتى الاسترخاء النفسي هو مجرد حالة من حالات الاسترخاء الميتافيزيقي أو السامي، حيث يتم سحب الوعي والطاقة اختيارياً وبصورة كاملة من كل الجسم، والاستغراق التام في ذاتية المرء الحقيقية: الروح الإلهية. وتحرير الوعي هذا من أوهام الثنائية يمنح أسمى نوع من الاسترخاء النفسي.*

ركّز انتباهك في الداخل بين الحاجبين على بحيرة السلام التي لا ساحل لها. أرقب الدائرة اللامحدودة، دائرة السلام النابض من حولك. كلما حدّقت بانتباه عميق، كلما

* هذه الحالة المباركة هي الهدف من ممارسة علم تأمل الكريا يوغا ويمكن بلوغها بممارسة الكريا التي لقّنها برمهنسا يوغانندا (راجع الصفحة ١٠٦)

شعرت بمويجات السلام تنتشر من الحاجبين إلى الجبهة، ومن الجبهة إلى القلب، وإلى كل خلايا جسمك. الآن مياه السلام تغمر ضفاف جسمك، وتفيض على مساحات عقلك المترامية. فيض السلام يتدفق فوق حدود عقلك وينطلق في اتجاهات لا متناهية.

———•———

الفصل ٤

كيف يمكنك أن تكون «ناشطاً بهدوء»
راسخاً في السلام
مهما كانت مشاغلك

أن تكون ناشطاً بهدوء وهادئاً بنشاط – ملك سلام يجلس
على عرش الهدوء والاتزان ويسوس مملكة النشاط – هو
أن تكون معافىً روحياً. النشاط الزائد يجعل من الشخص
إنساناً آلياً. الهدوء الزائد يجعل الشخص كسولاً وغير عملي.
السلام هو التمتع بالحياة، والنشاط هو التعبير عن الحياة.
الحاجة تمس إلى التوازن بين نشاط الغرب وهدوء الشرق.

❈

احتفظ بهدوئك. الحياة العادية تشبه البندول الذي يتأرجح
جيئة وذهاباً دون توقف. الشخص المرتاح البال يبقى هادئاً
إلى أن يستعد للقيام بالعمل، فيتحرك ويندفع إلى العمل.
وحالما ينتهي من عمله يعود ثانية إلى مركز الهدوء. يجب
أن تبقى هادئاً دوماً، كالبندول الهادئ إنما المستعد للاندفاع
إلى النشاط المنتظم كلما دعت الحاجة.

خلق التوازن في حياتك الروحية والمادية

إن الجانب المادي والجانب الروحي هما مجرد جانبين من الكون الواحد والحقيقة الواحدة. وبالتشديد الزائد على أحد الجانبين أكثر من الآخر يفشل الإنسان في تحقيق التوازن اللازم للنمو المتناسق... مارس فن العيش في هذا العالم دون فقدان سلامك الداخلي. سر على طريق الاتزان للوصول إلى بستان معرفة الذات الرائع في داخلك.

على صاحب الطموح الروحي أن يوازن نشاطه المادي المسبب للقلق بالتأمل الروحي المنتج للراحة والهدوء.

اعرف كيف تكون ناشطاً جداً وتقوم بعمل بنّاء في العالم، ولكن عندما تنتهي من إنجاز واجباتك، أطفئ محرك أعصابك والتمس الهدوء داخل نفسك. أكّد فكرياً لذاتك: «أنا هادئ. أنا لست آلية عصبية. أنا روح. ومع أنني أعيش في هذا الجسد، إلا أنني غير متأثر به.» إن امتلكتَ جملة عصبية هادئة ستحقق النجاح في كل ما تقوم به. وعلاوة على كل شيء، ستنجح في سعيك إلى الله.

بسّط حياتك...

إن متع الإنسان العصري تكمن في الحصول على الكثير والمزيد، دون اكتراث بما قد يحدث لأي شخص آخر. ولكن أليس من الأفضل العيش ببساطة – دون الكثير من الكماليات والترف وبقدر قليل من الهموم وانشغال البال؟ لا توجد متعة في دفع نفسك وإرهاقها لدرجة تجعلك غير قادر على التمتع بما لديك.

إن الاحتفاظ بالكثير من الممتلكات في حالة جيدة يستغرق الكثير من الوقت والطاقة. وفي الحقيقة إن امتلاكك للكثير من الضرورات «غير الضرورية» يعني افتقارك للسلام وراحة البال، وكلما قلّ امتلاك الممتلكات لك، كلما امتلكتَ قدراً أكبر من السعادة.

لا تدع نفسك تعلق في ماكينة العالم المعقدة، لأنك عندما تكون قد حصلت على ما تريد تكون أعصابك قد أصابها التلف، ويكون قلبك قد تعرّض للضرر، وأصبحت عظامك تعاني من الألم.

إن حاجة الإنسان الكبرى هي لامتلاك المزيد من الوقت كي يتمتع بالطبيعة، ولكي يبسّط حياته واحتياجاته الخيالية التي يعتبرها من الضروريات، وكي يستمتع بالأشياء الحقيقية اللازمة لحياته، ولكي يكون على دراية ومعرفة أفضل بأولاده وأصدقائه. وأهم من كل ذلك كي يعرف نفسه ويعرف الله الذي خلقه.

الخلوة ثمن العظمة...

عندما تنتهي من إنجاز واجباتك في آخر النهار، اجلس بهدوء لوحدك. تناول كتاباً جيداً واقرأه بتمعن. ثم تأمل بعمق لفترة طويلة. ستشعر بالسلام والسعادة أكثر بكثير مما ستجده في الأنشطة التي لا تهدأ حيث يجمح فكرك ويندفع في كل الاتجاهات... إذا تعودت على صرف الوقت بالتأمل بمفردك في البيت، ستحل عليك قوة عظيمة ومعها سلام عميق وسيلازمانك في نشاطاتك وفي تأملاتك. الخلوة هي ثمن العظمة...

───◆───

كل شخص يحتاج إلى خلوة هي بمثابة دينامو من الهدوء حيث يذهب لغرض واحد لا غير وهو شحن ذاته بالطاقة اللانهائية.

───◆───

القيمة الروحية ليوم السبت [يوم الراحة والعبادة]...

إن ستة أيام بلياليها من العيش الذي يشبه الآلة، وجزءاً من يوم واحد (الأحد) للتنمية والثقافة الذاتية ليست طريقة متوازنة للعيش. يجب تقسيم أيام الأسبوع بين العمل والترفيه والثقافة الروحية: خمسة أيام لكسب المال، ويوم للراحة والتسلية، ويوم واحد على الأقل للتأمل والإدراك الداخلي.

«اذكر يوم السبت لتقدّسه.» فمن أسبوع مكوّن من سبعة أيام، ما أقل الذين يخصصون ولو يوماً واحداً لله! سيكون من الأفضل لمصلحتك الاحتفاظ بيوم لله. الأحد هو يوم الشمس – يوم الحكمة المشرقة. كثيرون لا يستخدمونه للتفكير في الله، مع أن التفكير به هو أسمى حكمة. فلو تمكنت في ذلك اليوم أن تكون بمفردك وتحافظ على هدوئك لبعض الوقت، مستمتعاً بتلك السكينة، ستلمس كم ستشعر بالتحسن. اصرف يوم الراحة والعبادة على هذا النحو وسيكون مرهماً لجروح الأيام الستة السابقة له. كل واحد يحتاج إلى يوم واحد في الأسبوع يكون بمثابة مستشفى روحي للشفاء من الجروح النفسية.

لا تراعِ يوم الراحة والعبادة كواجب مفروض عليك، بل استمتع به. وعندما يصبح بالنسبة لك يوم سلام وفرح

ورضا، ستتطلع إليه وتتشوق لقدومه. ولسوف تندهش للفائدة العقلية والجسدية والروحية التي ستحصل عليها من الخلوة مع الله.

❖

ينصح حكماء الهند ليس فقط بيوم من الخلوة على نحو منتظم، بل يشددون على الحاجة إلى التأمل الهادئ خلال أربع فترات محددة من كل يوم. ففي الصباح الباكر قبل أن تنهض أو ترى أي إنسان، احتفظ بهدوئك واشعر بالسلام. وعند الظهيرة، اهدأ لبعض الوقت قبل تناول الغداء. وقبل تناول العشاء خصص وقتاً للشعور بالسلام. وقبل النوم، اغمر نفسك بالسكون مرة ثانية. إن الذين يلتزمون بالصمت خلال تلك الفترات الأربع من اليوم سيشعرون بالتوافق مع الله. ومن لا يستطيع تخصيص أربع فترات في اليوم يجب أن يخصص فترة ليكون مع الله كل صباح وكل مساء. فإن فعلت ذلك ستتغير حياتك [نحو الأفضل] وستصبح أكثر سعادة.

❖

اجلس بهدوء في التأمل أربع مرات في اليوم وفكّر بكل الحب والشوق في قلبك: «إنني مع المطلق اللانهائي الآن.

'يا أبتاه، أظهر ذاتك، أظهر ذاتك.» حاول الشعور بحضوره الذي يجلب للنفس السلام.

اغمر عقلك وجسمك في ذلك السلام، وستكون أكثر نجاحاً بكثير في الحياة. الشخص الهادئ لا يرتكب خطأً، وينجح في حين يفشل الآلاف غيره. يجب أن تكون هادئاً كي تصبح ناجحاً. الذين لا يراعون يوم الراحة والعبادة ولا يشعرون بالسلام الإلهي يصبحون أشخاصاً آليين، عصبيين ومتقلبي المزاج إلى حد كبير. من خلال أبواب ونوافذ الهدوء ستشرق عليك شمس الحكمة والسلام.

الهدوء يأتي بالانسجام والحكم الصائب لكل أنشطتك..

الشخص الهادئ يجعل حواسه مرتبطة تماماً مع البيئة التي يضع نفسه فيها. أما الشخص المضطرب فلا يلاحظ شيئاً، ونتيجة لذلك يجلب المشاكل لنفسه وللآخرين ويسيء فهم كل شيء. الشخص الهادئ، بفضل سيطرته على نفسه، هو دائماً في سلام مع الآخرين، وهو سعيد وهادئ على الدوام. لا تقم أبداً بتغيير مركز تركيزك من الهدوء إلى القلق. ولا تمارس أنشطتك إلّا بذهن مركّز.

* * *

كثيرون من الأشخاص يفكرون أن أعمالهم يجب أن تكون إما متوترة أو بطيئة. وهذا تفكير خاطئ. إن احتفظت بهدوئك بتركيز شديد ستنجز كل واجباتك بالسرعة الصحيحة. إن فن النشاط الصحيح يعني القدرة على العمل سواء ببطء أو بسرعة دون فقدان السلام الداخلي. والطريقة الصحيحة تكمن في تأسيس موقف منضبط بحيث يمكن أن تعمل بسلام دون أن تفقد توازنك.

* * *

انتشل هدوءك من تحت تربة الاضطراب والقلق، وحرر حكمتك من أكفان الجهل الدنيوي.

تعلّم المشاركة في هذه الدراما الكونية بعقل هادئ ومتوازن على أكمل وجه.

الهدوء هو العامل الرئيسي الضروري لأي مظهر من الحكم الصائب والتمييز الحصيف.

الشخص الهادئ يعكس الراحة في عينيه، والذكاء الحاد في وجهه، والتقبّل الصحيح في عقله. إنه يتخذ إجراءات حاسمة وسريعة، لكنه لا يتصرف وفقاً للدوافع والرغبات التي تخطر فجأة على باله. أما الشخص القلق فيشبه الدمية المتحركة التي ترقص حسبما تحركها الرغبات العاطفية الناجمة عن الاستجابة للإغراءات الصادرة عن الآخرين. احرص على أن تعمل من مركز الطمأنينة والهدوء.

أفتح باب هدوئك ودع خطوات السكينة تدخل برفق إلى معبد كل أنشطتك.

أنجز كل الواجبات بتؤدة ورصانة، مشبّعة بالسلام، وستشعر خلف نبضات قلبك بنبض السلام الإلهي.

الفصل ٥

السلام في حياتك اليومية: مبادئ وممارسات جوهرية

إذا استمريت في تحرير شيكات دون إيداع أي مبالغ في حسابك بالبنك، فسوف ينفد ما لديك من مال. وهذا ينطبق أيضاً على حياتك. إذ بدون إيداع دفعات منتظمة من السلام في حساب حياتك فسوف تستهلك قوتك وهدوءك وسعادتك. وأخيراً ستفلس عاطفياً وعقلياً ومادياً وروحياً. لكن التواصل اليومي مع الله سيجدد تمويلك ويعزز مخزونك الروحي.

كل واحد شعر بالتوتر إلى حد ما في بعض الأحيان دون معرفة السبب... القلق والاثارة العاطفية يركّزان كمية كبيرة من الطاقة في الأعصاب مما يؤدي إلى إرهاقها وإنهاكها. ومع توالي السنين تبدأ الآثار العكسية للعصبية بالظهور. لقد جعل الله الأعصاب قوية جداً لأنها ستدوم مدى الحياة. ولكن من الضروري إيلاءها الاهتمام الصحيح والعناية اللازمة. وعندما تكف عن إجهاد الجملة العصبية، كما في حالة النوم العميق أو الهدوء أثناء التأمل، فلن تشعر بالتوتر أبداً.

العصبية يمكن شفاؤها. والشخص الذي يعاني منها يجب أن يكون راغباً في تحليل حالته والتخلص من العواطف المدمرة والأفكار السلبية التي تعمل تدريجياً على القضاء عليه. التحليل الموضوعي لمشاكل المرء، والاحتفاظ بالهدوء تحت كل ظروف الحياة كفيلان بشفاء أكثر الحالات العصبية استعصاءً.

اختبر نفسك لتعرف ما إذا كنت تعاني من العصبية، ثم حدد الشيء الذي يجعلك متوتراً.

مسببات الإجهاد والعصبية...

إن اختلال التوازن العقلي، والذي يؤدي إلى اضطرابات عصبية، سببه حالات مستمرة من الإثارة أو التنبيه الزائد للحواس.

الانغماس المتواصل في أفكار الخوف، والغضب، والاكتئاب، وتأنيب الضمير، والشعور بالندم، والغيرة، والحزن، والكراهية، والسخط، أو الانزعاج والقلق، وعدم الحصول على الضرورات اللازمة للعيش الطبيعي والسعيد، مثل الغذاء الصحي السليم، والتمرين الصحيح، والهواء النقي، وضوء الشمس، والعمل المناسب وهدف في الحياة، جميعها من مسببات مرض الجهاز العصبي.

إن أي إثارة عقلية أو عاطفية أو جسدية عنيفة ومتواصلة من شأنها إرباك قوة الحياة وانسيابها بصورة غير متوازنة في كافة أنحاء الجهاز الحسي الحركي ومصابيح الحواس. إن قمنا بوصل لمبة ١٢٠ فولت بمصدر طاقة ٢٠٠٠ فولت ستحترق اللمبة. وبالمثل، لم يُخلق الجهاز العصبي لتحمّل قوة الانفعال العاطفي الشديد والمدمّر، أو الأفكار والمشاعر السلبية المتواصلة.

───◆───

هناك سبب آخر للعصبية، مع أنك قد لا تكون على

دراية به، وهو الضوضاء الصادرة عن الراديو أو التلفزيون لساعات في المرة الواحدة. كل الأصوات تسبب ردود فعل عصبية*. لقد بيّنت دراسة أجرتها دائرة الشرطة في شيكاغو أنه لو لم يتم تعريض البشر لأصوات الحياة العصرية القوية، لا سيما أصوات المدن المزعجة، فيمكنهم أن يعيشوا لفترات أطول. تعلّم الاستمتاع بالصمت، ولا تستمع للراديو أو التلفزيون لساعات طويلة، أو تدع تلك الأصوات العالية تلعلع في محيطك طوال الوقت.

إن جميع أنواع لحوم الحيوانات الأكثر تطوراً، وبصورة خاصة لحم البقر والخنزير، هي ضارة للجهاز العصبي. فهي من المنبهات القوية جداً والمسببة للسلوك المشاكس

* لقد وصف العديد من الباحثين المؤثرات السلبية للصوت على صحة الإنسان، بمن فيهم الدكتور صموئيل روزن، أستاذ طب الأذن والأنف والحنجرة السريري في جامعة كولومبيا، الذي كتب يقول: «من المعروف أن الضوضاء العالية تسبب تأثيرات لا يمكن للمتلقي التحكم بها. فالأوعية الدموية تنقبض، والجلد يشحب، والعضلات الإرادية واللاإرادية تتقبض، ويتم ضخ هرمون الأدرينالين على نحو فجائي في مجرى الدم، مما يؤدي إلى الإجهاد العصبي والعضلي، والعصبية، والتهيج المفرط، والشعور بالقلق.»

والعدواني. تجنب تناول كميات كبيرة من النشويات، وخاصة الأطعمة المصنوعة من الطحين المكرر. تناول حبوباً كاملة، والجبن القريش، وكمية وافرة من الفاكهة، وعصائر الفاكهة، والخضروات الطازجة – نظراً لأهميتها. وغني عن القول أن المشروبات الكحولية والمخدرات تدمر الجهاز العصبي، فلا تتعاطاها.

هناك شراب يوغي جيد جداً للجهاز العصبي يتم تحضيره بإضافة حلوى صخرية مسحوقة وعصير ليمون أخضر طازج إلى كوب من الماء. يجب مزج المكونات بالكامل وخلطها بالتساوي بحيث تكون حلوة وحامضة بنفس النسبة. لقد وصفتُ هذا المشروب لأشخاص كثيرين وكانت النتائج رائعة.

<hr>

وتذكّر أن أعظم شفاء للعصبية يحدث عندما نناغم أنفسنا مع الله.

اعرف القوانين الإلهية للسلام والسعادة...

قواعد السلوك تشبه الحرباء التي تتلون بلون المجتمع المحيط بها. في حين أن قوانين الطبيعة التي يصعب فهمها والتي من خلالها يسند الله خليقته، لا تتغير أبداً بأحكام الإنسان وقراراته.

السعادة متأصلة في المبادئ الأخلاقية والتقوى.

الذين يعاكسون القانون الإلهي يدفعون الثمن بفقدان سلامهم الداخلي.

نجوم السينما وغيرهم من الفنانين الترفيهيين يُعتبرون أشخاصاً رائعين في أمريكا. لكن لماذا غالباً ما تكون حياتهم الشخصية في حالة من الفوضى، وانعدام السعادة، والطلاق المتعدد؟ معظمهم يعيشون كثيراً على طاقة عصبية مركّزة في الحواس. الإفراط في تناول الطعام، والممارسات الجنسية غير الأخلاقية، وتعاطي المسكرات والمخدرات – جميعها

تنتج سعادة كاذبة.

——◆◆——

[مراعاة قوانين الأخلاق] تجعل الجسم والعقل في توافق مع قوانين الطبيعة الإلهية، أو قوانين الخليقة التي تنتج ازدهاراً داخلياً وخارجياً، وسعادة، وقوة.

——◆◆——

لهذا السبب فإن النجاح الأخلاقي – التحرر من إملاءات العادات والنزوات الخاطئة – يمنح سعادة أكثر من النجاح المادي. ففي النجاح الأخلاقي سعادة سيكولوجية لا يمكن لأي ظروف مادية أن تسلبها...فكّر تلك الأفكار وقم بتلك الأعمال التي تقود إلى السعادة.

——◆◆——

الذين يشعرون بالرضا الداخلي يعيشون عيشة مستقيمة. السعادة تأتي فقط بالتصرف الصحيح والعمل الصالح.

العصبية هي مرض المدنية...

العصبية هي مرض المدنية. لا زلت أذكر عندما كان بعضنا ذاهباً بالسيارة إلى بايكس بيك Pikes Peak في كولورادو. السيارات الأخرى كانت تتجاوزنا بسرعة على الطرقات المتعرجة والشديدة الانحدار. ففكرتُ أن الذين في تلك السيارات يسرعون للوصول إلى قمة الجبل كي يشاهدوا شروق الشمس. لكن لدهشتي الكبيرة، عندما وصلنا إلى القمة كنا الوحيدين في الخارج نستمتع بمشاهدة المنظر، في حين كان جميع الآخرين في المطعم يشربون القهوة ويأكلون كعك الدونات. تصوروا! لقد انطلقوا مسرعين إلى القمة وعادوا بسرعة لمجرد الشعور المثير الذي يتولد لديهم عندما يخبرون الآخرين بعد عودتهم إلى بيوتهم بأنهم وصلوا إلى هناك وشربوا القهوة وأكلوا كعك الدونات على قمة بايكس بيك. وهذا ما يفعله التوتر العصبي.

يجب أن نتمهل ونستمتع بالأشياء ــ بمحاسن خليقة الله وبركات الحياة العديدة ــ إنما علينا أن نتجنب الإثارة التي لا داعي لها، والقلق والانفعالات الفجائية التي تحرق الجهاز العصبي.

—◆—

إن صرفت حياتك في إثارة متواصلة فلن تعرف أبداً السعادة الحقيقية. عش ببساطة وخذ الحياة بسهولة أكبر. السعادة تكمن في منح نفسك الوقت للتفكير والتأمل. كن بمفردك بين الحين والآخر ومارس الصمت والهدوء أكثر فأكثر.

التغلب على الهموم...

كل واحد يحتاج إلى التخلص من الهموم والقلق والدخول في حالة من الهدوء الكلي كل صباح ومساء. في تلك الأوقات، حاول أن تظل لدقيقة واحدة في المرة الوحدة دون التفكير بمشاكلك. وبدلاً من ذلك ركّز على السلام الداخلي. ثم حاول التركيز لبضع دقائق في المرة الواحدة على هذا السلام الداخلي. بعد ذلك، فكّر بحدث سعيد وواصل التفكير فيه وتصوره. عش بفكرك الاختبار الممتع مراراً وتكراراً إلى أن تتخلص كلياً من الأفكار المقلقة.

عندما تنتهي من عملك اليومي، انسَهُ ولا تحمله بفكرك وتأخذه معك إلى البيت. الهموم تعمل فقط على جعل عقلك ضبابياً بحيث لا يمكنك التفكير بوضوح...

إن مجرد تجاهل المشاكل لا يحلّها، ولا القلق بشأنها يحلها أيضاً. تأمل حتى تشعر بالهدوء. ثم ضع عقلك على مشكلتك وصلِّ بعمق طلباً للعون الإلهي. ركّز على المشكلة وستجد لها حلّاً دون أن تعاني من القلق المرهق بشكل فظيع.

عندما يكون لدينا أشياء كثيرة للقيام بها في المرة

الواحدة نشعر بإحباط شديد. وبدلاً من القلق حول عمل ما ينبغي فعله، قل لنفسك: «هذه الساعة هي لي. سأبذل خلالها قصارى جهدي وأفعل ما بوسعي.» لا يمكن لعقارب الساعة أن تدق أربعاً وعشرين ساعة في دقيقة واحدة، ولا يمكنك أن تعمل في ساعة واحدة ما يستغرق عمله أربعاً وعشرين ساعة. عش كل لحظة من لحظات الحاضر بحذافيرها وسيتدبر المستقبل نفسه بنفسه. استمتع بروائع وجمال كل لحظة. مارس السكينة واستحضر السلام. كلما فعلت ذلك كلما شعرت أكثر فأكثر بوجود تلك القوة في حياتك.

وبدلاً من إضاعة الوقت في القلق، فكر بإيجابية في كيفية إزالة سبب المشكلة. إذا كنت تريد التخلص من مشكلة ما، قم بتحليل الصعوبة التي تواجهها بهدوء، وحدد إيجابيات وسلبيات الأمر نقطة بنقطة؛ ثم حدد أفضل الخطوات لتحقيق هدفك.

لا تغذِ عقلك يومياً بسموم مخاوف جديدة من صنع ذاتك... إذا كنت موبوءاً بجراثيم القلق فيجب أن تتبع نظاماً غذائياً عقلياً صارم. يجب أن تستمتع بانتظام بصحبة العقول

السعيدة. ويجب أن تخالط يومياً، ولو لفترة قصيرة، الأشخاص السعداء – الذين يتأملون ويشعرون بالفرح الإلهي كحقيقة واقعية. ابحث عنهم واستمتع معهم بوليمة الفرح الأكثر تنشيطاً وإنعاشاً [للجسم والروح]. اضحك مع السعداء حقاً وتمتع بصحبتهم. ومتى بدأت غذاء الضحك البهيج استمر، وبنهاية شهر أو شهرين ستلمس التغيّر – إذ سيمتلئ عقلك بأشعة الشمس.

انسَ الماضي لأنه لم يعد في متناولك! وانسَ المستقبل لأنك لا تستطيع الوصول إليه! تحكّم بالحاضر! عش بكيفية رائعة الآن! وهذا من شأنه أن يمحو الماضي المظلم ويرغم المستقبل كي يكون باهراً مشرقاً! وهذا هو طريق الحكماء.

التغلب على الخوف...

اطرد الخوف. ما الذي يخيفك؟ وحتى القليل من الخوف، كالخوف غير المعقول من الظلام أو القلق بشأن أشياء «يمكن» أن تحدث، تؤثر على الأعصاب أكثر مما يمكنك أن تتصور.

لا تخف أبداً من أي شيء. فالخوف هو شكل من أشكال العصبية. ما دمت لم تمت فأنت حيٌّ تُرزق. إذاً لماذا يجب أن تخاف؟ وعندما ينقضي أجلك تنتهي متاعبك ومشاكلك ولن تتمكن من تذكّرها. إذاً لماذا القلق والهموم؟

الخوف يأتي من القلب. إذا شعرت بالخوف من مرضٍ ما أو حادث ما، فيجب أن تتنفس شهيقاً وزفيراً عدة مرات، بعمق وببطء وبشكل إيقاعي، والاسترخاء مع كل زفير. هذا يساعد على عودة الدورة الدموية إلى عملها الطبيعي.

إن أدركنا بأن كل قدرة على التفكير، والتحدث،

والشعور، والتصرف، تأتي من الله، وأنه معنا، يلهمنا
ويرشدنا على الدوام، فإن ذلك الإدراك يمنحنا تحرراً فورياً
من العصبية. ومع هذا الإدراك ستأتينا ومضات من الفرح
الإلهي. أحياناً يغمر كيان المرء نور عظيم يبدد مفهوم
الخوف والقلق. كالمحيط، هكذا تجتاح قوة الله القلب وتتدفق
عبره في طوفان مطهّر، وتزيل كل عوائق الشك المضلل،
والعصبية، والخوف.

يتم التغلب على أوهام المادة، وعلى الشعور بأن الإنسان
مجرد جسد فانٍ، من خلال ملامسة طمأنينة الروح الإلهي
العذبة. وهذا يمكن تحقيقه عن طريق التأمل اليومي. عندها
تدرك أن الجسد هو عبارة عن فقاعة صغيرة من الطاقة في
بحر الله الكوني.

التغلب على الغضب بالسلام الداخلي...

إن انعدام الغضب هو أسرع طريقة لراحة البال.

الغضب سببه إعاقة رغبات المرء... الشخص الذي لا يتوقع أي شيء من الآخرين بل يتوجه إلى الله ليحقق كل ما يتوق إليه لا يمكنه أن يغضب من إخوانه البشر أو يخيب أمله فيهم. الحكيم يشعر بالرضا لتيقنه من أن الرب هو الذي يدير الكون... ولذلك هو متحرر من الحنق والسخط والعداوة والاستياء.

‏❖

السلام (شانتي) هو أحد المزايا المقدسة... إن المتوحد مع «سلام الله الذي يفوق كل عقل»* يشبه الوردة الجميلة، فهو ينشر حوله عبير الهدوء والانسجام.

‏❖

أكّد على الهدوء والسلام الإلهي، وابعث فقط بأفكار المحبة والأماني الطيبة إن أردت أن تعيش بسلام ووئام. لا تغضب أبداً لأن الغضب يسمم الجسم. حاول أن تتفهم الناس

* فيليبي ٤:٧

الذين يخالفونك، وعندما يحاول أي واحد إغاظتك، قل بينك وبين نفسك: «إنني مرتاح لدرجة كبيرة بحيث لا يمكنني أن أغضب. ولا أريد أن أصاب بمرض الغضب.»

❧

عندما تكون غاضباً لا تقل شيئاً، مدركاً بأن الغضب مرض. تخلّص منه كالتخلص من نزلة البرد بالحمامات الفكرية الدافئة المتمثلة في التفكير بالذين لا يمكن أن تغضب منهم مهما كان تصرفهم.

نحن من نسبب الألم لأنفسنا إذا تجاوزنا القوانين الإلهية التي يرتكز عليها الكون كله. خلاصنا هو التوحد مع الله. وما لم نتناغم معه ونعرف بالتالي أن هذا العالم ليس سوى تسلية كونية، فمن المؤكد أننا سنعاني.

يبدو أن المعاناة هي تأديب ضروري لتذكيرنا بالسعي إلى التوحد مع الله. وعند ذلك سوف نستمتع بهذه المسرحية الرائعة مثلما يستمتع هو بها. إن كان انفعالك عنيفاً جداً، خذ دشاً بارداً، أو ضع قطعة من الثلج على النخاع المستطيل والصدغين فوق الأذنين مباشرة، وعلى الجبهة، وخاصة بين الحاجبين، وعلى قمة الرأس...

الغضب هو سم للسلام والهدوء... تجاهل الذين يبدو أنهم يستمتعون بإغضابك. عندما يأتي الغضب، شغّل ماكينة هدوئك لصنع ترياقات السلام والمحبة والتسامح والتي

تبدد الغضب. فكّر بالمحبة وبأنك مثلما لا تريد أن يغضب الآخرون منك فأنت أيضاً لا ترغب أن يشعر الآخرون بغضبك القبيح.

قم بتنمية المنطق الميتافيزيقي الذي يدمّر الغضب. انظر إلى الشخص الذي يوقظ الغضب بأنه أحد أبناء الله. اعتبره أخاً صغيراً لا زال طفلاً عمره خمس سنوات، ربما طعنك بدون قصد. يجب ألّا تشعر بالرغبة في طعن هذا الأخ الصغير في المقابل. اقضِ بفكرك على الغضب بأن تقول: «لن أسمم سلامي بالغضب. ولن أعكر بالنقمة والسخط هدوئي المعتاد الذي يمنحني البهجة والفرح.»

تذكّر أنك إن حافظت على هدوئك الداخلي تحت كل الظروف فيمكنك التغلب على أي شيء وأي شخص. الهدوء الحقيقي يعني أن الله معك. إن أصبحت مشوشاً ستسخط الناس وسيغضبون منك. وعندها ستكون في وضع يرثى له...

إن أراد أحدهم أن يسبب لك المتاعب، أكّد بصورة مستمرة: «أنا السلام، أنا الهدوء» وكرر ذلك بعمق. ومهما حاول الآخرون هزّك ومضايقتك، احتفظ بذلك السلام. عندئذٍ ستهدأ أعصابك.

إن استطاع أي شخص أن يغضبك فهذا يعني أنك لم تبلغ بعد الهدوء التام. ومع ذلك فإن الاحتفاظ بالهدوء لا يعني السماح للآخرين باستغلال طيبتك وإهانتك. أحياناً

من الضروري أن تجعل الآخرين يفهمون بأنك جاد وتعني ما تقول. لكنك ابن لله ويجب ألّا تغضب أبداً، لأنك كلما فقدت أعصابك بصورة متكررة كلما طال بقاؤك في الوعي البشري الموهوم.

السلام في البيت...

عندما تعثر على منبع سلامك الروحي، ستصبح حياتك أقل عرضة للخصام والنزاع.

تذكّر أن أعظم اختبار للطامح الروحي يكمن في ضبط نفسه في بيئته البيتية ـ لا سيما إن كانت غير توافقية. إن استطاع الشخص، بفضل سلامه الداخلي، أن يظهر الثبات والتحمل في البيت، وإن تمكّن من قهر طباع الآخرين المُحبة للمشاكسة والخصام من خلال تعبيرات محبته الدائمة، الجميلة والمتواصلة، سيصبح عندئذٍ أمير سلام.

اجعل منزلك مكاناً للسلام.

إن تسبب غضب الزوج أو الزوجة بإثارة حنقك، تمشَّ قليلاً ودع أعصابك تبرد قبل أن تجيب. وإن نطق أحدهما بكلمات جارحة، لا ترد سريعاً بنفس الطريقة. من الأفضل أن تبقى هادئاً إلى أن يبرد المزاج.

لا تسمح لأحد بأن يسلبك سلامك. ولا تسلب سلام الآخرين بسوء تصرفك اللفظي...

إن صرخت زوجتك في وجهك وصرخت أنت في وجهها فإنك ستتألم بشكل مضاعف ─ مرة من كلامها الخشن ومرة أخرى من كلامك القاسي. وهكذا تسبب الأذى لنفسك في المقام الأول. وعندما تنتهي [المعارك اللفظية] ستجد أنه لم يبقَ لديك شيء. ولهذا السبب هناك عدد كبير من حالات الطلاق.

بصراحة، يجب ألّا يتزوج الأشخاص حتى يتمكنوا من امتلاك بعض السيطرة على عواطفهم وانفعالاتهم. يجب أن تعمل المدارس على تربية التلاميذ الصغار على هذا النهج، وعلى كيفية تنمية الهدوء والتركيز. العائلة الأمريكية تتفكك لأن هذه الأمور لا يتم تلقينها ─ لا في البيت ولا في المدارس. كيف يمكن لشخصين متعودين على النشاط العصبي أن يعيشا معاً دون تحطيم أحدهما الآخر تقريباً بفعل مزاجهما العصبي؟ في بداية الزواج تُحمل العروس ومعها العريس على بساط من العواطف والإثارة والعشق والشغف. ولكن بعد فترة، عندما تبدأ هذه المشاعر بالتضاؤل والتلاشي، تبدأ الطبيعة الحقيقية للزوجين بالظهور ويحل مكانها الشجار وخيبة الأمل.

القلب يحتاج إلى الحب الحقيقي، وإلى الصداقة، وعلاوة على كل شيء إلى السلام. عندما تدمر الانفعالات الحادة

السلامَ يتدنس الهيكل الجسدي. الجملة العصبية الصحية ستُبقي أعضاء الجسم والمشاعر في حالة سليمة. وللحفاظ على سلامة الجملة العصبية من المهم التحرر من المشاعر المدمرة كالخوف والغضب والجشع والحسد.

لا تكن سريع الغضب أو شديد الحساسية...

تُعرب الحساسية عن ذاتها من خلال عدم التحكم بالجهاز العصبي. فالتفكير بأن الشخص تعرّض لإهانة يمر عبر العقل فتثور الأعصاب ضدها. وفي ردة الفعل، يهتاج بعض الأشخاص في داخلهم بفعل الغضب أو المشاعر المتأذية دون إظهار أي تأثّر خارجي. والبعض يعبّرون عن مشاعرهم من خلال ردة فعل واضحة وفورية تبدو في عضلات عيونهم ووجوههم – وفي كثير من الأحيان باستخدام عبارات حادة من ألسنتهم أيضاً. إن سرعة الغضب، في حالتهم، تعني وضع أنفسهم في موضع بائس وخلق اهتزازات سلبية لها أيضاً تأثير سلبي على الآخرين. إن القدرة على التمكن دوماً من نشر هالة من طيبة القلب والسلام يجب أن تكون القوة المحركة في الحياة. حتى وإن كان الاستفزاز مبرراً بسبب سوء المعاملة، فإن الشخص الذي يتحكم بمشاعره ويضبط نفسه في مثل هذه الحالة هو سيد نفسه.

لا شيء يمكن تحقيقه من التفكير الصامت بإهانة متصوَّرة. من الأفضل التخلص عن طريق ضبط النفس من السبب الذي أثار مثل تلك الحساسية.

عندما يضايقك شيء ما، ومهما بررت تعاستك، اعلم أنك تستسلم لحساسية لا داعي لها، وأنه ينبغي لك عدم الانغماس بها. الحساسية التي تؤذي المشاعر هي عادة غير روحية، تسبب لك العصبية وتدمر سلامك وتسلبك القدرة على ضبط نفسك وتختلس سعادتك. عندما يدخل مزاج من هذا النوع من الحساسية إلى قلبك، فإن تشويشه يصدك عن سماع أنشودة السلام الإلهي الشافية التي تصدح عبر لاسلكي الروح. عندما تظهر الحساسية، حاول على الفور التغلب على تلك العاطفة.

إن احتفظت بتصميمك على أنك لن تفقد سلامك، ستصبح عندئذ على تناغم مع الله. احتفظ بمخدعٍ سري من الهدوء داخل نفسك، حيث لن تسمح للحالات المزاجية، أو الاختبارات المزعجة، أو الصدامات، أو التنافر بالدخول. ابعد عنك كل مشاعر الكراهية والانتقام والشهوات، وفي

٨٨

مخدع السلام هذا سيأتي الله لزيارتك.

الوجه يعكس ما يدور داخل نفسك. والقلب، الذي هو مصدر المشاعر، هو أساس ذلك الانعكاس. يجب أن يكون وجهك موعظة تبعث على الإلهام. ومحياك يجب أن يكون مصباحاً يسير الآخرون على ضوئه، ومنارة تستهدي بها النفوس الغارقة لتتلمس طريقها إلى مرفأ السلام.

توكيدات:

ردد هذا التوكيد يومياً: «لن أكون كسولاً ولا نشطاً بطريقة محمومة. وفي كل تحدٍ من تحديات الحياة سأعمل ما بوسعي دون الشعور بالقلق بشأن المستقبل.»

اعلمْ أن الحضور اللانهائي للآب السماوي هو معك على الدوام. قل له: «في الحياة والموت، وفي الصحة والمرض، لا أقلق يا رب لأنني ابنك للأبد.»

الفصل ٦

منظور الحكمة الذي يقود إلى السلام الداخلي

الحياة، بجوهرها وهدفها، هي لغز صعب ولكنها ليست خارج نطاق المعرفة. إننا بتفكيرنا التقدمي نحلّ كل يوم بعضاً من أسرارها. إن الأجهزة العلمية لهذا العصر ذات الحسابات والدقة المتناهية تبعث فعلاً على الإعجاب. والاكتشافات المتزايدة التي تستنبطها العلوم المادية هي جديرة بالثناء لأنها تمنحنا رؤية أوضح للوسائل والطرق التي يمكننا من خلالها تحسين الحياة. ولكن رغم كل أجهزتنا واستراتيجياتنا واختراعاتنا، يبدو أننا لا نزال ألعوبة في يد القدر، وأمامنا طريق طويل قبل أن نتحرر من هيمنة الطبيعة.

إن العيش دائماً تحت رحمة الطبيعة بالتأكيد ليس حرية. عندما نصبح ضحايا للفيضانات، أو الأعاصير، أو الزلازل؛ أو عندما يختطف المرض أو الحوادث أحباءنا من بيننا دون معنىً أو سبب، ينتاب عقولنا المفعمة بالحماس شعور بالإحباط وقلة الحيلة. عندها ندرك أننا في الحقيقة لم نحرز قدراً كبيراً من الانتصار. فعلى الرغم من كل جهودنا المبذولة لجعل الحياة كما نريدها، ستظل هناك دائماً ظروف معينة نواجهها على هذا الكوكب – ظروف غير محدودة يوجهها ذكاء غير معلوم، يعمل خارج إرادتنا – مما يحول دون تحكّمنا وسيطرتنا. وأفضل ما يمكننا عمله هو أن نعمل ونقوم ببعض التحسينات. إننا نزرع القمح ونصنع الطحين، ولكن من الذي صنع البذرة الأصلية؟ إننا نأكل الخبز المصنوع من الطحين، ولكن من الذي جعل من الممكن لنا هضمه وتحويله إلى غذاء؟

في كل ناحية من نواحي الحياة، وبالرغم من كوننا مجرد وسائل ووسائط، يبدو أن هناك كياناً إلهياً مستقلاً لا يمكننا أن نعيش بدونه. ومع كل ما لدينا من قناعة وتيقن، لا يزال يتعين علينا أن نتعامل مع وجود يكتنفه الغموض وعدم اليقين. فنحن لا نعرف متى سيتوقف قلبنا. ومن هنا تأتي ضرورة الاعتماد بلا خوف على ذاتنا الحقيقية الخالدة وعلى الإله الأسمى الذي خُلقت النفس على صورته – وامتلاك إيمان بالعمل دون أنانية، والمثابرة بسرور، وبتحررٍ من

القلق والقيود.

درّب نفسك على التسليم المطلق والجريء لتلك القوة العليا. لا يهم إن قررتَ اليوم بأنك حر وشجاع، ثم أُصبتَ غداً بالأنفلونزا وأصبحت مريضاً بائساً. لا تضعف! واطلب من وعيك أن يظل راسخاً في إيمانه. فالنفس لا يمكن أن تتلوث بالمرض.

———◆———

لا تتصرف ككائن بشري خانع ذليل. أنت أحد أبناء الله.

❖━━━❖

أنت مصنوع على صورته. ولا يمكن أن تؤذيك الحجارة، أو القنابل، أو الرشاشات أو القنابل الذرية. تذكّر أن أفضل ملجأ لك هو داخل نفسك الهادئة. وإن تمكنت من تنمية ذلك الهدوء، لا يمكن لأي شيء في العالم أن يؤذيك... ويمكنك أن تقف صامداً وسط العوالم المتصادمة.

❖━━━❖

ضع قلبك مع الله. وكلما طلبت السلام في الله، كلما التَهَمَ ذلك السلام همومك ومعاناتك.

❖━━━❖

انظر إلى مشهد الحياة كمسرحية كونية...

إن حكماء الهند القديمة (الريشيز)، بعد نفاذهم إلى السبب الأصلي للوجود، أعلنوا... أن هذا العالم هو ملهاة إلهية (ليلا *Lila*) أو مسرحية إلهية... ويبدو أن الرب يستمتع بملهاته هذه ذات الأصناف اللامتناهية والمتغيرة طوال الأبد...

لقد خلق الله عالم الأحلام هذا لتسلية نفسه وتسليتنا. الاعتراض الوحيد الذي لديّ على الملهاة الإلهية هو: «يا رب، لماذا سمحت للمعاناة بأن تكون جزءاً من المسرحية؟» الألم قبيح جدًا ومبرّح. فالوجود إذاً لم يعد تسلية، بل مأساة. وهنا يأتي دور شفاعة القديسين. فهم يذكّروننا بأن الله كلي القدرة، وإذا توحدنا معه، فلن نتأذى بعد ذلك في مسرحه هذا. نحن من نجلب الألم لأنفسنا فيما إذا تجاوزنا القوانين الإلهية التي جعلها الله الأساس الذي عليه يقوم الكون بأسره. إن خلاصنا يكمن في توحدنا معه. وما لم نناغم أنفسنا مع الله ونعرف بذلك أن العالم هو مجرد ترفيه كوني، فلا بد أن نعاني. ويبدو أن الألم هو تأديب ضروري ليذكرنا بالسعي للتوحد مع الله. عندئذٍ سنستمتع مثله بهذه المسرحية الرائعة.

لقد أتيتَ إلى الأرض كي تترفّه وترفّه غيرك. لهذا السبب يجب أن تكون الحياة مزيجاً من التأمل والنشاط. في

اللحظة التي تفقد فيها اتزانك الداخلي تصبح عرضة للمعاناة الدنيوية... أيقظ شجاعة العقل الداخلية بالتوكيد: «مهما كانت التجارب التي أمر بها، لا يمكنها أن تؤثر عليّ. فأنا سعيد على الدوام.»

انظر إلى الحياة كما لو كانت صوراً كونية متحركة، عندها لن تتمكن من أن تخدعك بسحرها الوهمي. عش في نعيم الله... لقد خلقك مثله، على صورته. وهذا ما لا تعرفه لأنك تعترف فقط بأنك كائن بشري ولا تدري أن هذه الفكرة هي فكرة وهمية.

لم يكن القصد من خليقة الله الحلمية تخويفك، بل حثّك كي تدرك أخيراً أن لا حقيقة لها. إذاً لماذا تخاف من أي شيء؟ قال السيد المسيح: «أليسَ مكتوباً في ناموسكم أنا قلت إنكم آلهة؟» (يوحنا ١٠:٣٤)

الشيء الوحيد الذي لن يتركك أبداً عندما تتجاوز كل الحالات العقلية غير المتقلبة، هو فرح روحك.

عِش في توازن غير مضطرب...

لقد اكتشف القديسون أن السعادة تكمن في الاحتفاظ بحالة نفسية ثابتة من السلام الذي لا يكدّره شيء خلال كل التجارب الأرضية التي تتميز بالثنائية. العقل المتقلب يدرك خليقة متغيرة، ويضطرب بسهولة. وفي المقابل فإن النفس التي لا تتغير والعقل الهادئ الرصين يبصران الروح الإلهي السرمدي خلف أقنعة التغيير والتبديل.

❖

الاتزان هو محك حكمة الإنسان. الحجارة الصغيرة التي تُقذف بها بحيرة الوعي يجب ألّا تخض البحيرة كلها وتسبب لها الهيجان.

الحياة مسرحية، فلا تأخذها على محمل الجد...

لماذا تأخذ تفاصيل الحياة السطحية بجدية كبيرة؟ كن منتشياً بالسلام الداخلي النابع من المعرفة المقدسة، مهما كان نصيبك في الدنيا.

سواء كان الشخص مضطرباً أو هادئاً، ستواصل الحياة مسارها الغريب للأبد. الهموم، والمخاوف، والتثبيط، تعمل فقط على زيادة الأعباء اليومية، في حين تساعد البشاشة، والتفاؤل، وقوة الإرادة على إيجاد حلول للمشاكل. لذلك فإن أفضل طريقة للعيش هي أن تعتبر الحياة مسرحية كونية بما فيها من تناقضات – من هزيمة وانتصار – لا مفر منها. استمتع بالتحديات مثلما تستمتع بالتسليات، بغض النظر عما إذا كنت في الوقت الراهن غالباً أو مغلوباً.

أعطِ الأهمية الكبرى لتنمية علاقتك مع الله وتعزيز سعادتك الباطنية بالتأمل اليومي الذي يجلب يقظة الروح.
عندما تكون في حالة من الهدوء التام والدراية الروحية ستبصر الله يتحرك في كل اتجاه. وعندها لن يبدو العالم لك كابوساً من المضايقات والمتاعب، بل ستراه كمسرحية تبعث

على الاستمتاع. عندئذٍ ستبتسم من أعماق كيانك، ابتسامة لا يمكن ملاشاتها أبداً.

عندما تعرف الله يمكنك الوقوف صامداً وسط العوالم المتصادمة...

مارس التأمل والتواصل مع الله بصورة منتظمة، وستتذوق شراب الفرح والطيبة في كل الأوقات، مهما كانت ظروفك الخارجية. وإذ تشرب رحيق السلام الداخلي من الأيدي الملائكية للإدراك الهادئ، ستتخلص من الأحزان اليومية المشتتة للانتباه.

إن الله موجود على عرش السلام في داخلك. اعثر عليه أولاً هناك وستجده في كل ما هو جميل ومفيد في الحياة: في الأصدقاء الصادقين، في جمال الطبيعة، في الكتب الجيدة، في الأفكار العميقة، وفي التطلعات السامية والطموحات النبيلة. وإذ تجد الله في داخلك، ستدرك أن كل ما يمنحك سلاماً دائماً في الحياة يؤكد لك الحضور الأبدي لله، في الخارج وفي الداخل أيضاً. وعندما تعرف الله كسلام داخلي ستجده عندئذٍ في التناغم الشامل الذي يتخلل كل الأشياء في الخارج.

نبذة عن المؤلف

يعتبر برمهنسا يوغانندا (١٨٩٣-١٩٥٢) أحد الشخصيات الروحية البارزة في عصرنا على نطاق واسع. ولد في شمال الهند، وجاء إلى الولايات المتحدة في عام ١٩٢٠، حيث قام لأكثر من ثلاثين عاماً بتلقين علم الهند القديم: التأمل وطريقة الحياة الروحية المتوازنة. وقد عرّف ملايين القراء على حكمة الشرق الخالدة من خلال قصة حياته الشهيرة مذكرات يوغي Autobiography of a Yogi وكتبه العديدة الأخرى. واليوم يتواصل العمل الروحي والإنساني الذي بدأه برمهنسا يوغانندا بإشراف الأخ تشيدانندا رئيس Self-Realization Fellowship/ Yogoda Satsanga Society of India.

في عام ٢٠١٤ تم إنتاج الفيلم الوثائقي الحائز على جوائز) استيقظ: حياة يوغانندا(*Awake: The Life of Yogananda* عن حياة وعمل برمهنسا يوغانندا.

موارد إضافية بخصوص
تعاليم برمهنسا يوغانندا
حول كريا يوغا

Self-Realization Fellowship مكرّسة لتقديم المساعدة دون قيود للباحثين في جميع أنحاء العالم. للحصول على معلومات بخصوص سلسلتنا السنوية من المحاضرات والفصول العامة، وخدمات التأمل الإلهامية في معابدنا ومراكزنا حول العالم، وجدول الخلوات والأنشطة الأخرى، ندعوكم لزيارة موقعنا على الإنترنت أو مقرنا العالمي:

www.yogananda.org

Self-Realization Fellowship
3880 San Rafael Avenue
Los Angeles, CA 90065-3219
+1(323) 225-2471

دروس
Self-Realization Fellowship

إرشادات وتعليمات شخصية
من برمهنسا يوغانندا حول التأمل ومبادئ الحياة الروحية

إذا كنت تشعر بالانجذاب إلى تعاليم برمهنسا يوغانندا، فإننا ندعوك للتسجيل في دروس
.Self-Realization Fellowship

لقد أنشأ برمهنسا يوغانندا سلسلة الدراسة المنزلية هذه لإتاحة فرصة للباحثين المخلصين لتعلّم وممارسة أساليب تأمل اليوغا القديمة التي جلبها إلى الغرب – بما في ذلك علم الكريا يوغا *Kriya Yoga*. تقدم الدروس أيضاً إرشاداته العملية لتحقيق الازدهار، والرفاه الجسدي، والعقلي، والروحي.

تتوفر دروس *Self-Realization Fellowship* مقابل رسم رمزي (لتغطية تكاليف الطبع والبريد)، ويقدم رهبان وراهبات Self-Realization Fellowship لجميع الطلاب إرشادات شخصية حول الممارسة التطبيقية.

لمزيد من المعلومات...
يرجى زيارة الموقع الإلكتروني www.srflessons.org أو طلب حزمة تتضمن معلومات مجانية شاملة عن الدروس.

ومن منشورات *Self-Realization Fellowship*
مذكرات يوغي
بقلم برمهنسا يوغانندا

تقدم هذه السيرة الذاتية المشهورة صورة رائعة لأحد الشخصيات الروحية العظيمة في عصرنا. بصراحة ممتعة، وبلاغة وفطنة شفافة، يروي برمهنسا يوغانندا سيرة حياته الملهمة بما فيها من تجارب طفولته الرائعة، ولقاءاته مع العديد من القديسين والحكماء خلال بحثه وهو فتىً يافع في جميع أنحاء الهند عن معلم مستنير، وتدريبه لعشر سنوات في صومعة معلم يوغا جليل، وثلاثين عاماً عاشها وعلّم خلالها في أمريكا. كما تحتوي السيرة أيضاً على لقاءاته مع المهاتما غاندي، ورابندرانات طاغور، ولوثر بربانك، والكاثوليكية تيريز نيومان التي حملت جروحاً تشبه جروح المسيح، وشخصيات روحية أخرى مشهورة من الشرق والغرب.

كتاب مذكرات يوغي *Autobiography of a Yogi* هو في الوقت نفسه قصة مدونة بأسلوب جميل لحياة استثنائية وهو مقدمة عميقة لعلم اليوغا القديم وتقليد التأمل العريق، حيث يشرح المؤلف بوضوح القوانين الشفافة إنما الثابتة خلف كل الأحداث العادية للحياة اليومية والأحداث غير العادية التي تدعى عادة معجزات. وهكذا تصبح قصة حياته المشوقة

خلفية أساسية لإلقاء نظرة ثاقبة لا تُنسى على الأسرار النهائية للوجود البشري.

يعتبر الكتاب من الكلاسيكيات الروحية الحديثة، وقد تُرجم إلى أكثر من خمسين لغة ويستخدم على نطاق واسع ككتاب دراسي وعمل مرجعي في الكليات والجامعات، وهو من أكثر الكتب مبيعاً منذ نشره لأول مرة قبل أكثر من خمسة وسبعين عاماً، وقد وجدت هذه السيرة الذاتية طريقها إلى قلوب ملايين القراء حول العالم.

«قصة نادرة.» – نيويورك تايمز

«دراسة رائعة ومستوفية الشروح» – نيوزويك

«لم يُدون من قبل، لا باللغة الإنكليزية ولا بأية لغة أوروبية أخرى، مثل هذا العرض لليوغا.» –مطبعة جامعة كولومبيا

كتب باللغة العربية من تأليف برمهنسا يوغانندا

منشورات عربية من *Self-Realization Fellowship*

متوفرة على الموقع الإلكتروني
www.srfbooks.org
أو غيره من مكتبات بيع الكتب عبر الإنترنت

كيف يمكنك محادثة الله

يُعرّف برمهنسا يوغانندا الله بأنه الروح الكوني الفائق والأب، والأم، والصديق الشخصي المحب والقريب من الجميع، ويبيّن مدى قرب الرب من كل واحد منا، وكيف يمكن إقناعه بأن "يكسر صمته" ويستجيب بطريقة محسوسة.

توكيدات شفاء علمية

في هذا الكتاب الذي يشتمل على مجموعة واسعة من التوكيدات يقدم برمهنسا يوغانندا شرحاً عميقاً للأسس العلمية للتوكيد. ويشرح طريقة عمل التوكيدات، وكيف يمكن استخدام قوة الكلمة والفكر ليس فقط لاستجلاب الشفاء، ولكن أيضاً لإحداث التغيير المرغوب في كل مجال من مجالات الحياة.

تأملات ميتافيزيقية

أكثر من ٣٠٠ من التأملات والصلوات والتوكيدات الروحية التي تلهم الفكر وتسمو به، والتي يمكن استخدامها لتنمية قدر أكبر من الصحة، والحيوية، والإبداع، والثقة بالنفس، والهدوء؛ وللعيش بدراية أكبر بحضور

الله الذي يغمر النفس بالغبطة والابتهاج.

عِلم الدين

في هذا الكتاب، يبين برمهنسا يوغانندا أن داخل كل إنسان توجد رغبة حتمية لا مفر منها وهي التغلب على المعاناة والحصول على سعادة لا انتهاء لها. وإذ يشرح كيف يمكن تحقيق هذه الأشواق، فإنه يتناول بدقة الفعالية النسبية للمقاربات المختلفة لتحقيق هذا الهدف.

قانون النجاح

يشرح المبادئ الديناميكية لتحقيق أهداف المرء في الحياة، ويحدد القوانين الكونية التي تحقق النجاح وتجلب الرضا – على المستوى الشخصي والمهني والروحي.

همسات من الأبدية

مجموعة من صلوات برمهنسا يوغانندا واختباراته الإلهية في حالات التأمل السامية. إن كلماته المدونة بجمال شعري وإيقاع رائع تظهر تنوعاً لا ينفد لطبيعة الله والعذوبة اللامتناهية التي يستجيب بها لمن يبحثون عنه.

مأثورات برمهنسا يوغانندا

مجموعة من الأقوال والمشورة الحكيمة التي تنقل ردود برمهنسا يوغانندا الصريحة والمفعمة بالمحبة لأولئك الذين قصدوه التماساً للتوجيه والإرشاد. المأثورات في هذا الكتاب، التي تم تدوينها بواسطة عدد من تلاميذه المقربين، تتيح للقارئ فرصة المشاركة في لقاءاتهم مع المعلم.

كتب باللغة الإنكليزية لبرمهنسا يوغانندا

Autobiography of a Yogi

God Talks With Arjuna: The Bhagavad Gita
— A New Translation and Commentary

The Second Coming of Christ:
The Resurrection of the Christ Within You

sgnihcaeT lanigirO eht no yratnemmoC yrotaleveR A —
suseJ fo

The Yoga of the Bhagavad Gita

The Yoga of Jesus

The Collected Talks and Essays
Volume I: Man's Eternal Quest
Volume II: The Divine Romance
Volume III: Journey to Self-realization

Wine of the Mystic:
The Rubaiyat of Omar Khayyam
— A Spiritual Interpretation

Songs of the Soul

Whispers from Eternity

Scientific Healing Affirmations

In the Sanctuary of the Soul:
A Guide to Effective Prayer

The Science of Religion

Metaphysical Meditations

Where There Is Light
—Insight and Inspiration for Meeting Life's Challenges

Sayings of Paramahansa Yogananda

Inner Peace:
How to Be Calmly Active and Actively Calm

Living Fearlessly
—Bringing Out Your Inner Soul Strength

The Law of Success

How You Can Talk With God

Why God Permits Evil and How to Rise Above It

To Be Victorious in Life

Cosmic Chants

تسجيلات برمهنسا يوغانندا الصوتية

Beholding the One in All

The Great Light of God

Songs of My Heart

To Make Heaven on Earth

Removing All Sorrow and Suffering

Follow the Path of Christ, Krishna, and the Masters

Awake in the Cosmic Dream

Be a Smile Millionaire

One Life Versus Reincarnation

In the Glory of the Spirit

Self-Realization: The Inner and the Outer Path

منشورات أخرى من
Self-Realization Fellowship

The Holy Science
— *Swami Sri Yukteswar*

Only Love:
Living the Spiritual Life in a Changing World
— *Sri Daya Mata*

Finding the Joy Within You:
Personal Counsel for God-Centered Living
— *Sri Daya Mata*

Intuition:
Soul Guidance for Life's Decisions
— *Sri Daya Mata*

God Alone:
The Life and Letters of a Saint
— *Sri Gyanamata*

"Mejda":
The Family and the Early Life of Paramahansa Yogananda
— *Sananda Lal Ghosh*

Self-Realization
(مجلة أسسها برمهنسا يوغانندا في عام ٥٢٩١)

دي في دي فيديو

Awake: The Life of Yogananda
فيلم من إنتاج شركة أفلام كاونتربوينت

يتوفر كتالوج كامل يحتوي على كتب وتسجيلات فيديو/
تسجيلات صوتية – بما في ذلك تسجيلات
أرشيفية نادرة لبرمهنسا يوغانندا – على الموقع الإلكتروني:
www.srfbooks.org

حزمة تقديمية مجانية

الطريقة العلمية للتأمل التي علّمها برمهنسا يوغانندا، بما في ذلك كريا يوغا – إلى جانب توجيهاته بخصوص كافة جوانب العيش الروحي المتزن – يتم تلقينها في دروس *Self-Realization Fellowship*. يرجى زيارة الموقع الإلكتروني www.srflessons.org وطلب حزمة معلومات مجانية شاملة عن الدروس.

Self-Realization Fellowship
3880 San Rafael Avenue • Los Angeles, CA 90065-3219
Tel +1(323) 225-2471 • Fax +1(323) 225-5088
www.yogananda.org